Danmark

mellem sund og hav

Danmark
mellem sund og hav

BETWEEN SOUND AND SEA

ENTRE SUND ET MER

ENTRE ESTRECHOS Y MARES

ZWISCHEN SUND UND MEER

Photographs by Inga Aistrup

© Høst & Søns Forlag, Copenhagen 1970

Indledning og billedtekster af IB PERMIN

Oversættelser af

PAULA HOSTRUP-JESSEN (engelsk)

IRÈNE LÜTZEN og FRANÇOIS MARCHETTI (fransk)

EINAR KROG-MEYER og UFFE HARDER (spansk)

HANS VON KOHL og BOLETTE-MERETE PETRI (tysk)

Printed in Denmark by
Th. Laursens Bogtrykkeri, Tønder

4. oplag 1979
ISBN 87-14-27989-4

INDEX

Tallene henviser til kortet
The numbers refer to the map
Les nombres se réferrent à la carte
Las cifras se refieren al mapa
Die Zahlen verweisen auf die Karte

OMSLAGSFOTO/COVER PHOTO: *Bramsnæs*

47

50

54 53

46 AALBORG
51

49

45

52

44

JYLLAND

40

48

ÅRHUS
43 42
41

10-11 1
16
17 12-13

15 KØBEN-
HAVN
2-9

ESBJERG

19 23 18
14

SJÆLLAND

39

38

26

28-29
ODENSE

FYN

27

31

22

35

25 21 24
20

37

36 34

33

32

DANMARK
et land mellem sunde og hav

Overalt er det salte hav — det omgiver landet, skærer sig ind i det og deler det op, danner vige og bugter, fjorde, sunde og bælter. Intet sted i Danmark er man langt fra havet, der uundgåeligt gennem tiderne har præget landet og været med til at skrive dets historie i fredstid og krigstid — og præget dets profil på kortet.

Selv om Danmark hører til i rækken af Europas små lande, har det dog en kyststrækning på mere end 7.400 km. Med rundhåndet gavmildhed er øer spredt rundt i de danske farvande, og færger forbinder ø med ø og landsdel med landsdel, hvor ingeniørers brobygningsarbejder endnu ikke helt har overflødiggjort færgernes pendulfart. Fra gammel tid har hav og sund været veje, der knyttede forbindelser mere end de skilte.

Havets nærhed har også sat præg på landskaber og leveformer. Hvor vinterstorme fra vest pisker ind mod kysten og landet bag klitterne, må både vegetation og dagligliv blive anderledes end der, hvor man er i læ for blæsten og ikke med samme strenghed føler naturen på sin krop.

Rejser man gennem Danmark, vil man ikke blot opleve det skiftende vejrlig og se landskabsformerne ændre sig fra landsdel til landsdel. Også menneskenes bygningsværker har indrettet sig efter de ydre forudsætninger. Danmarks kun 42.000 kvadratkilometer land (fraregnet det enorme Grønland) byder på modsætninger og skiftende oplevelser. Belysningen på Skagen vil aldrig være den samme som den, den fynske landmand oplever fra sin traktor, når han pløjer sin mark, eller den, man oplever i en sjællandsk bøgeskov.

Vel har Danmark ikke de seværdigheder, der bydes på i andre turistlande, hvor slotte og borge kan være mere pompøse, og hvor fjelde, floder og et pittoresk folkeliv overvælder turisten med indtryk. Uberørt natur er det også småt med. Størstedelen af Danmark er under plov eller tilplantet med byer, der har tendens til at brede sig. Noget over 100 danskere bor der i gennemsnit pr. kvadratkilometer, så øde landskabelige strækninger er de fleste steder et særsyn.

Det er andre værdier, der skal søges i Danmark — måske snarere de mange små oplevelser end de få store, der får en til at standse op med tilbageholdt åndedræt. Et puslespilmønster i en sum af oplevelser af landskaber og byer. Det åbne og det lukkede landskab, skovene og havet, de små købstæder, landsbyerne og de store byer. De ofte blide modsætninger, som en rejse i Danmark spiller på.

Denne bog har set det som sin opgave at prøve at indfange noget af alt dette ofte næsten ubestemmelige, mere i det anonyme end i de vedtagne prospekter, som kan erhverves på postkort. Billeder, der er typiske for den egn, de er fotograferet i eller for den by, der er indfanget på farvefilmens hinde. Billeder, der ikke er taget som erstatninger for den direkte oplevelse, men for at fastholde og videregive stemninger og motiver.

En skildring af landet i glimt fra landsdel til landsdel. En bog, der måske kan fastholde, hvad også den besøgende så — eller give lyst til at se, hvad man ikke har oplevet med en understregning af, at Danmark er mere end blot hovedstaden. Derfor er bogen både et velkommen til Danmark og et på gensyn . . .

DENMARK
a country between seas and sounds

Overall, the salt sea surrounds the land, hammers its way into it and divides it up to form inlets and bays, fjords, channels and belts. Nowhere in Denmark is it far from the sea, which inevitably throughout the ages has set its stamp upon the land and helped to form its history in time of peace and war — and marked out its outline on the map. Even if Denmark belongs among the smallest countries in Europe, it has a coastline of more than 4,300 miles.

With roundhanded generosity the islands are scattered about the Danish waters, and ferries connect island with island and mainland with mainland, wherever the bridge-builders have not yet rendered this shuttle-service superfluous. From times of old, sea and channels have been the roads that maintained more connections than they severed.

The proximity of the sea has also set its stamp on the landscape and the way of life. Wherever the westerly winter gales thrash against the coast and the countryside behind the sand-dunes, both the vegetation and the way of life is different from where the land lies sheltered from the wind and the ravages of nature.

Travelling through Denmark from region to region one not only experiences the changing weather and landscape forms, but also peoples' buildings have been adapted according to outward circumstances. Denmark's paltry 16,400 sq. miles of land (excluding the enormous Greeland) present contrasts and changing experiences: the light effects at the Skaw will never be the same as those experienced by the Funen farmer on his tractor when ploughing his fields, or as in the beech woods of Zealand.

Well may Denmark lack the attractions to be found in other tourist countries, where castles and palaces may be more pompous, and where mountains, rivers and a picturesque folk-life overwhelm the tourist with impressions. There is also very little natural countryside: the greatest part of Denmark is under cultivation or covered with towns that have a tendency to spread. On the average there are about 250 Danes per sq. mile, so deserted stretches of country are in most places a rareity.

But there are other values to be found in Denmark — perhaps it is rather the expansive mosaic of small impressions than the few big ones which make one catch one's breath: the open, rolling country and the shut in views, the forests and the sea, the small market-towns, the villages and the gentle contrasts offered by life in Denmark

This book has taken upon itself the task of trying to capture something of all those sudden visions and flashes that are to be discovered rather in the anonymous landscape than in the accepted picture-postcard views. Photographs which are typical for the district in which they are taken or for the town exposed upon the surface of the colour-film — photographs not intended as substitutes for direct experiences, but to capture and pass on moods and themes.

A portrayal of the country from region to region in brief glimpses. A book which may be able to capture what the visitor also saw — or stimulate interest in seeing what he has not yet experienced, with emphasis on the fact that Denmark is more than a mere capital. This book is therefore both a welcome to Denmark and a reunion.

Le DANEMARK
pays marin

Partout la mer est là – elle entoure le pays, elle s'y incruste et le partage, formant des criques, des baies, des fjords, des détroits et des »belts«. Au Danemark, on n'est jamais loin de la mer; au cours des âges, son empreinte a été inévitable, elle a contribué à écrire l'histoire du pays en temps de paix comme en temps de guerre et dessiné sur la carte le profil des côtes. Bien qu'étant un des pays les plus petits d'Europe, le Danemark possède plus de 7.400 km de côtes.

Les îles sont amplement répandues dans les eaux danoises, reliées les unes aux autres par les ferry-boats. La science des ingénieurs constructeurs de ponts n'a pas encore rendue complètement superflue la navigation. Depuis les temps les plus reculés, les mers intérieures ont été des voies de liaison plutôt qu'une séparation.

La présence de la mer a aussi influencé les paysages et les façons de vivre. Là où les violentes tempêtes d'ouest soufflent l'hiver le long des côtes et sur l'arrière-pays, la vie et la végétation sont forcément différentes des endroits à l'abri du vent, où l'on n'éprouve pas dans son corps l'hostilité de la nature.

Si on voyage à travers le Danemark, on ne verra pas seulement changer le climat et les paysages. Les constructions des hommes se sont adaptées aux conditions extérieures. Les 42.000 kilomètres carrés du Danmark (si on excepte l'immense Groënland) offrent des contrastes et des variations. La lumière de Skagen ne sera jamais la même que celle que voit de son tracteur le paysan de Fionie quand il laboure son champ ou que celle des bois de hêtres du Seeland.

Sans doute le Danemark n'a-t-il pas les curiosités que les autres pays, avec leurs châteaux, leurs montagnes, leurs fleuves, leur pittoresque, dispensent au touriste. La nature vierge n'existe plus, la plus grande partie du pays étant cultivée ou habitée, et les villes ont tendance à s'étendre. La densité moyenne de la population est de 120 habitants au kilomètre carré, aussi les étendues désertes sont-elles rares.

Ce sont d'autres valeurs qu'il faut chercher au Danemark — plutôt une grande quantité d'impressions que quelques-unes à couper le souffle. Un dessin de puzzle représentant les agglomérations urbaines et les paysages; ceux-ci ouverts ou fermés, avec les forêts ou la mer; celles-là de dimensions variées, allant des villages aux grandes villes. C'est sur les contrastes, souvent atténués, que se joue la vie au Danemark.

Ce livre a essayé de capter l'attrait indéfinissable de tout cela, il s'est attaché au paysage anonyme plutôt qu'aux vues de cartes postales. Il donne des images caractéristiques de chaque région ou de chaque ville photographiée, des images qui ne peuvent remplacer la vision directe, le contact avec le pays, mais qui s'efforcent de capter et de transmettre des motifs et des impressions.

Offrant des aperçus de chaque partie du pays, ce livre permettra peut-être au visiteur de fixer ses souvenirs. Il donnera peut-être à d'autres l'envie de découvrir le Danemark, leur rappelant que ce pays est autre chose que sa capitale. Aussi souhaitons-nous la bienvenue au Danemark à certains, et à d'autres nous disons: »au revoir«.

DINAMARCA
país entre estrechos
y mares

Por todas partes el mar salado — circunda el país, penetra en él, dividiéndolo formando calas y bahías, fiords, estrechos y belts. Ninguna parte en Dinamarca se está lejos del mar, el que inevitablemente a través de los siglos ha caracterizado el país, participando en formar su historia en tiempos de paz y de guerra — y formando su perfil en el mapa. Aunque Dinamarca es uno de los países pequeños de Europa, su región costera es de más de 7.400 km.

Abundantemente las islas están esparcidas en las aguas danesas, y los transbordadores unen isla con isla y región con región en las partes donde las construcciones de los ingenieros aun no han hecho superfluo el servicio de enlace de los transbordadores. Desde tiempo inmemorial, mares y estrechos han sido caminos que enlazaban más que separaban.

La proximidad del mar también ha caracterizado el paisaje y las formas de la vida. Donde las tempestades occidentales de invierno azotan la costa y el país detrás de las dunas, tanto la vegetación como la vida diaria resultarán otras que donde se está al abrigo del viento y en menor grado siente la naturaleza corporalmente.

Si se viaja por Dinamarca, no sólo se experimentará el clima variable, y se verá como las formas del paisaje varían de región a región: También las construcciones del hombre se han conformado a las condiciones exteriores. A pesar de no pasar de 42.000 kilómetros cuadrados el área de Dinamarca (sin contar la enorme Groenlandia), el país ofrece contrastes y peripecias variables. La luz sobre Skagen nunca será la misma que la que ve el agricultur fionés desde su tractor al arar su campo, ni tampoco la que se experimenta al mirar un hayal selandés. Es cierto que Dinamarca no tiene los monumentos y curiosidades que ofrecen otros países de turismo donde los palacios y castillos pueden ser más pomposos, y donde las montañas, los ríos y la vida popular colman de impresiones al turista. También escasea la naturaleza intacta, ya que la mayor parte de Dinamarca está roturada y hay numerosas ciudades, con tendencia a extenderse. Término medio viven un poco más de 100 daneses por kilómetro cuadrado, así es que general- mente escasean terrenos yermos.

Otros valores se encontrarán en Dinamarca, más bien los numerosos acontecimientos que no los pocos grandes que dejan suspenso a uno. Un rompecabezas de numerosos paisajes y ciudades. El paisaje abierto y el cerrado, los bosques y el mar, las pequeñas ciudades, las aldeas y las grandes ciudades. Los contrastes a menudo apacibles que ofrece la vida en Dinamarca.

Este libro tiene por objeto tratar de captar algo de todo esto, a menudo casi inde- finible, más bien en el paisaje anónimo que en los prospectos convenidos que pueden adquirirse en la forma de tarjetas postales ilustradas. Imágenes típicas de la región donde están fotografiadas, o de la ciudad capturada en la película de colores. Imágenes que no sean substitutos del acontecimiento vivido directamente, sino para asegurar y transmitir sentimientos y motivos.

Una descripción del país — destellos de región a región. Libro que talvez podrá sujetar lo que vio el visitante, o que dará ganas de ver lo que aún no se ha visto, subrayándose que Dinamarca comprende no solamente la capital. Sea, pues, este libro no sólo un Bienvenido a Dinamarca, sino también un Hasta la Vista . . .

DÄNEMARK
ein Land zwischen Sunden und Meeren

Das Meer ist überall — umspült das Land, schneidet sich ein, teilt es auf, bildet Buchten, Fjorde, Sunde und Belte. Nirgends ist man hier fern vom Meer; seit altersher prägte es das Land, seine Geschichte in Krieg und Frieden, sein Profil auf der Landkarte. Obgleich Dänemark zu den kleinsten Ländern Europas zählt, hat es eine Gesamtküstenstrecke von 7.400 Kilometer.

Freigebig hat die Natur eine Unzahl von Inseln in den dänischen Gewässern verteilt. Wo sie noch nicht von Brücken verdrängt wurden, verbinden Fähren Inseln und Landesteile miteinander. Seit jeher sind Meere und Sunde hier eher ein verbindendes als ein trennendes Element.

Das immer nahe Meer prägte sowohl Landschaften wie Lebensformen. Wo westliche Winterstürme Küsten und Hinterland heimsuchen, müssen Vegetation und Alltag notwendigerweise anders sein als da, wo man windgeschützt die Naturgewalten nicht unmittelbar am eigenen Leib verspürt.

Wer Dänemark bereist, wird in den verschiedenen Landesteilen nicht nur Wandlungen von Klima und Landschaftsformen erleben; auch die menschlichen Bauwerke passen sich den äusseren Umständen an. Dänemark ist mit seinen 42.000 km² Bodenfläche (das enorme Grönland nicht mitgerechnet) ein Land der Gegensätze und bietet seinen Besuchern beständig wechselnde Eindrücke. Luft und Licht über Skagen sind anders als sie der fünensche Ackerbauer von seinem Traktor aus erlebt, und wieder anders in einem seeländischen Buchenwald.

Mag sein, dass andere Länder ihren Besuchern mit grösseren Burgen und Schlössern, mit hohen Bergen og breiten Flüssen und einem pittoresken Volksleben überwältigendere Eindrücke vermitteln. Unberührte Natur ist bei uns auch selten. Der weitaus grösste Teil des Landes ist unter den Pflug genommen oder mit Städten bebaut, die ihr Gebiet ständig erweitern. Durchschnittlich leben etwa 100 Dänen per Quadratkilometer. Es versteht sich daher, wenn öde Gegenden eine Seltenheit sind.

Dänemark bietet seinen Besuchern andere Werte — vielleicht eher die Vielzahl der kleinen Eindrücke als die wenigen atemberaubenden Erlebnisse. Offenes und geschlossenes Land, Wälder und Meere, Städtchen, Dörfer und Grosstädte. Ein Land der leisen Übergänge.

Unser Buch versucht, die Vielfalt dieser oft nahezu unbestimmbaren Eindrücke festzuhalten, in anonymen Bildern eher als in den traditionellen Motiven, die jeder in Ansichtskarten sammeln kann. Für Stadt und Land typische Motive, die ein persönliches Erleben nicht ersetzen, sondern vielmehr Stimmungen und Eindrücke vermitteln und einfangen wollen.

Die Bilder sind nach Landesteilen gruppiert. Sie halten fest, was der Besucher sah, vielleicht diesmal auch *nicht* erlebte. Sie versuchen auch zu zeigen, dass Dänemark mehr als seine Hauptstadt ist. — So sei unser Bildband nicht nur ein »Willkommen«, sondern auch ein »Auf Wiedersehen« . . .

KRONBORG

Kommer man sejlende
ned gennem Øresund,
er den gamle fæstning
Kronborg slot det første
møde med Danmark —
slottet, som Shakespeare
gjorde verdensberømt.

Sailing down through
the Sound, the first
encounter with
Denmark is the old
castle of Kronborg —
which Shakespeare
made world-famous.

Si on arrive au
Danemark en bateau
par le Sund, Kronborg,
château immortalisé par
Shakespeare, est le
premier contact
avec le pays.

Navegando por el Sund,
lo primero que se ve
de Dinamarca es la
antigua fortaleza
Kronborg, catillo a que
Shakespeare dio
fama mundial.

Wer seewärts durch
die nördliche Einfahrt
des Öresund kommt,
erblickt Schloss und
Festung Kronborg,
seit Shakespeare
weltberühmt.

København

Billedrejsen begynder i København —
øresundsbyen, der skylder sundet sin
beliggenhed. Fra stenalderen har der boet
mennesker her, Havn var da også byens
første navn. En borg, som biskop Absalon
lod opføre i 1167, blev grundstenen for
Danmarks hovedstad. I dag er København
en moderne storby, men søger man, finder
man minder fra svundne århundreder —
endog ruinerne af byens første borg.
Men København er også en udfaldsvej
mod Skandinavien og det øvrige Europa
— og også en port til Danmark.
Her begynder rejsen . . .

The start of this pictorial journey
is Copenhagen — a city lying on the Sound.
Ever since the Stone Age people have
lived in this city, first named Havn
(the Harbour). A castle, built in 1167 by
Bishop Absalon, became the foun-
dation-stone of Denmark's capital. Today
Copenhagen is a large modern city,
but it is still possible to find reminders of
bygone centuries — even the ruins
of the city's first castle.
But Copenhagen is also a gateway to
Scandinavia and the rest of Europe — and
to the country of Denmark itself. Here
the journey begins . . .

Le voyage illustré commence par
Copenhague, qui doit sa situation au Sund.
Depuis l'âge de pierre, des gens ont habité
cet endroit, appelé d'abord »le port«
(Havn). Un château-fort édifié par l'évêque
Absalon en 1167 fut à l'origine de la
capitale danoise. Aujourd'hui,
Copenhague est une grande ville moderne,
mais en cherchant bien, on trouve des
souvenirs des siècles passés —
même les ruines du premier château-fort.
Mais Copenhague est aussi au carrefour
de la Scandinavie et du reste de
l'Europe, et la porte du Danemark.
Oui, c'est ici que commence le voyage.

El »viaje ilustrado« empieza en
Copenhague — la »Ciudad del Sund« —
que debe su posición al Oeresund.
Desde la edad de piedra han vivido hombres
aquí y, en efecto, su primer nombre fue
Havn (Puerto). Un castillo construido
en 1167 por el obispo Absalon, fue base de
la capital de Dinamarca. —
Hoy, Copenhague es una moderna ciudad
grande, pero — buscando — se hallarán
recuerdos de siglos pasados — incluso
ruinas del primer castillo de la ciudad.
Pero Copenhague es también una vía
de salida tanto hacia Escandinavia y Europa
en general como la puerta de Dinamarca.
Aquí empieza el viaje . . .

Die Bilderreise beginnt in Kopen-
hagen — der Stadt am Öresund, deren Lage
durch den Sund begründet ist. Seit der
Steinzeit wohnen hier Menschen, »Havn«
(Hafen) ist ihr erster Name.
Bischof Absalon legte 1167 mit seiner Burg
den Grundstein der dänischen Hauptstadt.
Heute ist Kopenhagen eine moderne Gross-
stadt, aber wenn man sucht, findet man
immer noch Erinnerungen aus längst
vergangenen Jahrhunderten, ja sogar Reste
der ersten Burg sind noch erhalten.
Kopenhagen ist aber auch Ausfallstrasse
nach Skandinavien wie nach dem
übrigen Europa — und nach Dänemark.
Hier beginnt die Reise . . .

Børsen med det snoede dragetårn.
The twisted spire of the Stock Exchange.
La Bourse avec sa flèche en spirale.
La Bolsa de la torcida torre de dragones.
Die Börse mit dem Drachenturm.

Den lille Havfrue ved Langelinie.
The Little Mermaid at Langelinie.
La Petite Sirène à Langelinie.
La Serenita, en Langelinie.
Die kleine Meerjungfrau an Langelinie.

Mindeankeret ved Nyhavn.
Memorial anchor at Nyhavn.
L'ancre commémorative à Nyhavn.
Ancla conmemorativa, Nyhavn.
Gedenkanker am Nyhavn.

Grundtvigskirken har lånt stil fra landsbykirker.
Grundtvig's church — in traditional village style.
L'église de Grundtvig, de style traditionnel.
Catedral de Grundtvig, estilo iglesia de aldea.
Die Grundtvigskirche im Dorfkirchenstil.

Pjerrot ved pantomimeteatret i Tivoli.
Pierrot in Tivoli's pantomime theatre.
Pierrot au théâtre de pantomime de Tivoli.
Pierrot del teatro de pantomima, Tivoli.
Pierrot in Tivolis Pantomimentheater.

Rundetårn med studenterkollegiet Regensen.
The Round Tower with nearby Student's Home.
La Tour Ronde et le collège d'étudiants »Regens«
Torre Redonda con colegio de estudiantes Regens
Der runde Turm und »Regensen«.

Havnen i den idylliske by Dragør på Amager.
Dragør harbour — an idyllic corner of Amager.
Le port de Dragør dans l'île d'Amager.
Puerto del idílico pueblo Dragør, Amager.
Hafen des idyllischen Fischerdorfs Dragør.

Gågaden »Strøget« i Københavns centrum.
»Strøget« — Copenhagen pedestrian-street.
La rue réservée aux piétons à Copenhague.
Calle céntrica para peatones, »Strøget«.
Die Fussgängerstrasse »Strøget« im Stadtzentrum

Rosenborg, det kongelige lystslot, der nu er museum.
Rosenborg, a royal pleasure palace, now a museum.
Rosenborg, château royal de plaisance et musée.
Rosenborg, Real palacio de recreo, hoy museo.
Das kgl. Lustschloss Rosenborg, heute Museum.

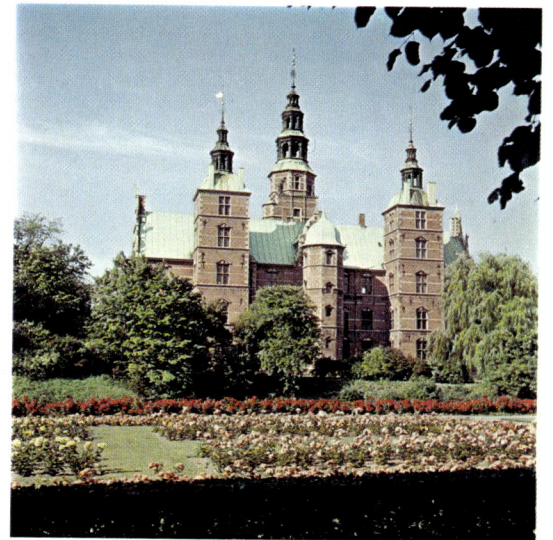

Glimt fra København   *Scenes from Copenhagen*   Images de Copenhague   *Destellos de Copenhague*   Motive von Kopenhagen

GAMMEL STRAND

Gammel Strand, engang Københavns strandlinje mod Øresund, siden torv for fiskerkonerne, nu udbydes her en sejltur rundt i de københavnske kanaler.

The Gammel Strand was once Copenhagen's seaboard on the Sound. At one time a market for fishwives, it now offers sailing trips along the city's canals.

Gammel Strand, autrefois la »plage« de Copenhague, puis le marché au poisson, est maintenant le point de départ des promenades sur les canaux.

La Playa antigua, antes lindando con el Sund, después mercado de pescados, hoy punto de partida de navegación por los canales de Copenhague.

Der »Altstrand«, einst Kopenhagens Öresundküste, später Fischmarkt, lädt heute die Touristen zu einer Bootsfahrt durch die Kopenhagener Kanäle ein.

Københavns profil op-
leves, når man kommer
til vejrs. Fra Vor Frelsers
kirketårn ser man
over Christianshavns
røde tage ind mod
byens centrum.

Copenhagen's silhouette
is best seen from high
up. From the spire of
Our Saviour you can
look over the red roofs
of Christianshavn right
into the city centre.

C'est d'en haut qu'il faut
contempler le profil de
Copenhague. Du clocher
de l'église de Notre-
Sauveur, on découvre,
derrière Christianshavn,
le centre de la ville.

Se observa el perfil de
Copenhague al subir al
campanario de la iglesia
de Nuestro Señor,
de donde se ven los
rojos techos
de Christianshavn.

Kopenhagen aus der
Vogelschau: vom Turm
der Erlöserkirche aus
blickt man über die roten
Dächer der Insel Chri-
stianshafen auf das
Stadtzentrum.

KØBENHAVN

KONGENS NYTORV

Kongens Nytorv — et tyngdepunkt i byens kulturelle geografi. Her ligger bl. a. Kunstakademiet i slottet Charlottenborg og Det kgl. Teater.

Kongens Nytorv — the geographical centre of cultural activity. Here is the Royal Theatre and Charlottenborg Castle, housing the Academy of Fine Arts.

Kongens Nytorv, centre de gravité dans la géographie culturelle de la ville, avec le Théâtre Royal et, dans le palais de Charlottenborg, l'Académie des Beaux-Arts.

Nueva Plaza del Rey — centro cultural de la ciudad, encerrando la Academia de Artes en el palacio de Charlottenborg y el Teatro Real.

»Königs-Neumarkt«, ein Schwerpunkt der kulturellen Geographie Kopenhagens: Schloss Charlottenburg mit der Kunstakademie und das Königliche Theater.

Rådhuspladsen — byens anden store plads med rådhuset solidt og værdigt midt i mylderet af trafik og mennesker, der sætter hinanden stævne her.

The Town Hall square — the other big city square — with the town hall standing, solid and dignified, amid the throng of traffic and congregating people.

L'autre grand'place, celle de l'Hôtel de Ville, est fort animée. Lieu de rencontre et de passage, elle voit déferler la marée des hommes et des voitures.

Plaza de la Municipalidad — otra gran plaza de la ciudad con la casa municipal sólida y digna en medio de la multitud de tráfico y personas que allí se dan cita.

Am zweiten grossen Platz der Stadt erhebt sich mitten im strudelnden Verkehr das ehrwürdige Rathaus. Ein bevorzugter Ort für ein Stelldichein.

RÅDHUSPLADSEN

CHRISTIANSBORG

Christiansborg slot — i dag regeringens og folketingets sæde. Byens første borg og engang kongeslot, men flere gange brændt for igen at blive opbygget.

Christiansborg Castle was the first city stronghold and once the Royal Palace. Several times burnt down and rebuilt, it is now the »Houses of Parliament«.

Le plus ancien château-fort royal de Copenhague a brûlé plusieurs fois. Reconstruit, il est maintenant le siège du Parlement et du gouvernement danois.

Palacio de Christiansborg — hoy sede del Gobierno y del parlamento. Primer castillo de la ciudad y antes palacio Real, varias veces quemado y luego reedificado.

Schloss Christiansborg, einst Festung und Königsschloss, oft abgebrannt und neuerrichtet, beherbergt heute Regierung und Reichstag.

Som en idyl ved en af kanalerne ligger Prinsens Palæ, der i dag rummer Nationalmuseets samlinger. Marmorbroen fører over til Christiansborg slot.

The beautiful Prince's Palace lies alongside a canal and houses the National Museum. The Marble Bridge leads across to the adjacent Christiansborg Castle.

Le Palais du Prince, situé au bord d'un canal, abrite aujourd'hui les collections du Musée National. Le pont de marbre conduit au château voisin, Christiansborg.

Cerca de uno de los canales está el Palacio del Príncipe, encerrando las colecciones del Museo Nacional. — El »Puente de Mármol« conduce al vecino Palacio.

Am Kanalufer liegt idyllisch das Prinzenpalais, das heute die Sammlungen des Nationalmuseums birgt. Die Marmorbrücke verbindet es mit Christiansborg.

NATIONALMUSEET

Det nuværende konge-slot er Amalienborg med de fire rokoko-palæer. Generation efter generation af gardere med bjørneskindshuer har afløst hinanden her.

Nowadays Amalienborg, with its four rococo palaces, is the royal residence. Here many generations of guards in bearskin hats have replaced each other.

Le palais royal actuel est Amalienborg, composé de quatre palais de style rococo. Des soldats à bonnet à poil y montent la garde.

El actual palacio real es Amalienborg, con sus 4 palacios estilo rococo. Generación tras generación de guardias del rey, con morrión de piel de oso, se han sucedido.

Schloss Amalienborg mit seinen vier Rokokoflügeln dient als königliche Residenz. Seit Generationen lösen Gardesoldaten mit hohen Bärenmützen hier einander ab.

AMALIENBORG

DYREHAVEN

Dyrehaven er københavnernes nærmeste skov — kun få kilometer nord for byen. Her ligger et andet kongeslot, Eremitagen, der blev bygget som et jagtslot.

Copenhagen's nearest forest is the Deer Park lying only a few miles north of the city. Here is »The Hermitage« — originally a royal hunting lodge.

Dyrehaven est un bois à proximité immédiate de Copenhague. On y trouve un autre palais royal, l'Ermitage, construit comme rendez-vous de chasse.

Dyrehaven es el bosque más cerca de Copenhague — pocos km al norte de la ciudad. Aquí hay otro palacio real, La Ermita, destinado para los cazadores reales.

Nicht weit von Kopenhagen liegt der Tierpark, ein beliebtes Ausflugsziel. Hier wurde die »Eremitage« seinerzeit als Jagdschloss erbaut.

Sjælland

Fuldtlastede kører busserne fra
København mod Nordsjælland — den
klassiske udflugtstur fra København til slot-
tene og bøgeskovene og de nordsjæl-
landske søer. Men Sjælland er mere end
blot dette nordøstlige hjørne.
Også andre dele af Sjælland er et besøg
værd: Mod vest halvøerne Hornsherred
og Odsherred, hvor fjordene skærer sig
ned, det blide landskab mod Storebælt
og det afvekslende Sydsjælland, hvor
broforbindelserne fører mod øerne syd for
Sjælland, ikke mindst til Møn med dens
hvide kridtklinter, som spejler
sig i Østersøen.

Fully-loaded, the buses drive from
Copenhagen to North Zealand — the clas-
sical excursion from Copenhagen to the
castles and beech forests and the
North Zealand lakes.
But apart from that north-easterly corner
there are also other parts of
Zealand worth visiting: in the
west, the peninsulas of Odsherred and
Hornsherred where the fjords cut their way
in, the gentle landscape near Big Belt and
the variegated South Zealand where the
bridges lead over to the southern islands,
amongst them Møn, with its white chalk-
cliffs mirrored in the Baltic.

Des autocars pleins de monde font
le trajet de Copenhague au nord du Seeland,
but classique d'excursion, avec ses
châteaux, ses bois de hêtres et ses lacs.
Mais le Seeland est aussi autre chose que
ce coin du nord-est de l'île.
Il vaut la peine d'en visiter d'autres parties:
à l'ouest, les presqu'îles d'Odsherred et
de Hornsherred, découpées par les fjords; le
paysage paisible des bords du grand Belt.
Enfin le sud du Seeland aux paysages
variés, où les ponts mènent aux petites îles;
parmi celles-ci, signalons Møn, dont les
blanches falaises calcaires se reflètent
dans la Baltique.

Repletos salen los autobuses de
Copenhague hacia el Norte de Selandia —
paseo clásico de Copenhague a los castillos,
los hayales y los lagos del norte de la isla.
Pero Selandia comprende más que
este rincón de nordeste.
Vale la pena visitar también otras partes
de Selandia: hacia oeste las penínsulas
Odsherred y Hornsherred donde penetran
los fiords, el apacible paisaje hacia el
Gran Belt, y la variada Selandia del Sur de
donde los puentes conducen a las islas
al Sur de Selandia, sobre todo a Møn con sus
blancos acantilados de creta que se
reflejan en el Báltico.

Voll besetzt fahren die Autobusse
von Kopenhagen nach Nordseeland, das
mit seinen Schlössern, Buchenwäldern
und Seen ein klassisches Ausflugsziel ist.
Und doch hat Seeland mehr zu bieten
als nur diese seine Nordostecke.
Auch andere Teile Seelands sind einen
Besuch wert: im Westen die Halbinseln
Odsherred und Hornsherred mit ihren
schönen Fjorden, die liebliche Landschaft
am Grossen Belt, und endlich das
abwechslungsreiche Südseeland, das
durch Brücken mit den südlichen Inseln
verbunden ist, vor allem auch mit
der Insel Møn, die ihre weissen Kreideufer
in der Ostsee spiegelt.

Kronborg slot bag sine bastioner.
Kronborg Castle — behind its bastions.
Le château de Kronborg derrière ses bastions.
Castillo Kronborg — detrás de sus bastiones.
Schloss Kronborg hinter seinen Bastionen.

Københavnernes badestrand »Bellevue«.
Copenhagen bathing-beach — »Bellevue«.
»Bellevue«, la plage.
»Bellevue«, playa de los copenhaguenses.
Die Kopenhagener baden bei »Bellevue«.

Den historiske Roskilde domkirke.
The ancient Roskilde Cathedral.
La cathédrale historique de Roskilde.
La cercana histórica catedral de Roskilde.
Der historische Dom von Roskilde.

Landsbykirken i Gislinge, Vestsjælland.
Gislinge parish church, West Zealand.
L'église du village de Gislinge (ouest du Seeland)
Iglesia de la aldea Gislinge, Selandia occidental.
Dorfkirche in Gislinge, Westseeland.

Skovidyl i en midtsjællandsk bøgeskov.
Idyllic beech woods in mid-Zealand.
Forêt de hêtres dans le centre du Seeland.
Idilio en un hayal, centro de Selandia.
Buchenwald in Mittelseeland.

Det middelalderlige »Gåsetårn« i Vordingborg.
The mediaeval »Goose-tower« in Vordingborg.
La moyenágeuse Tour de l'Oie de Vordingborg.
La »Torre de Gansos« medieval, Vordingborg.
Der mittelalterliche »Gänseturm« in Vordingborg

Badeliv ved Sjællands nordkyst.
Seaside life in North Zealand.
Station balnéaire sur la côte nord du Seeland.
Balneario costa norte de Selandia.
Badeleben an der Nordküste Seelands.

Høstbillede fra Odsherred på Sjælland.
Autumn scene from Odsherred in Zealand.
La moisson à Odsherred (Seeland).
Epoca de cosecha, Odsherred, Selandia.
Motiv aus dem Odsherred, Seeland.

Færger på vej over Storebælt.
Ferries on their way over the Big Belt.
Ferry-boats faisant la traversée du Grand Belt.
Transbordadores cruzándose en el Gran Belt.
Fähren liegen in Pendelfahrt über den Grossen B

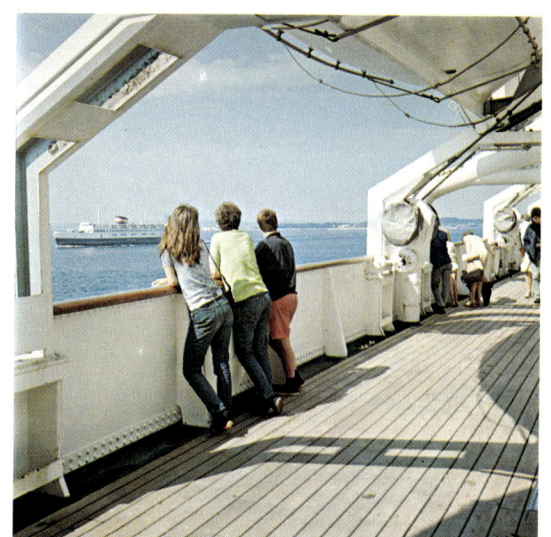

Glimt fra Sjælland   *Scenes from Zealand*   Images du Seeland   *Destellos de Selandia*   Motive von Seeland

Midt i det blide nord-
sjællandske landskab
lagde kongerne deres
slotte. Fredensborg — i
italiensk stil efter moden
i 1700-tallet — er kongens
sommerresidens.

Lying amid the gentle
North Zealand land-
scape, the 18th century
castle, Fredensborg, built
in the then fashionable
Italian style, is the
King's summer residence

Fredensborg, de style
italien à la mode du
XVIIIᵉ, siècle est la
résidence d'été de la
famille royale, dans la
douce nature du nord
du Seeland.

En medio del lindo
paisaje al norte de
Selandia colocaron los
reyes sus palacios. El de
Fredensborg es hoy
residencia veraniega
del Rey.

Das Schloss Fredensborg,
im 18. Jahrhundert nach
italienischer Mode er-
baut, inmitten anmutiger
seeländischer Hügel-
landschaft, ist die könig-
liche Sommerresidenz.

FREDENSBORG SLOT

FREDENSBORG SLOTSPARK

Slotsparken afspejler naturen i det sjællandske landskab. Den er anlagt i 1700-tallet. Sandstensfigurerne forestiller norske bønder og fiskere.

The 18th century park of Fredensborg castle reflects the Zealand landscape. The sandstone figures are of Norwegian farmers and fishermen.

Le parc du château reflète la nature du paysage seelandais; il a été dessiné au XVIIIe s. Les figures de grès représentent des paysans et des pêcheurs norvégiens.

El parque del palacio refleja la naturaleza del paisaje de Selandia. Se plantó en el siglo XVIII. Sus figuras de arenisca representan campesinos.

Der Schlosspark wurde im 18. Jhdt. im Bilde seeländischer Landschaft angelegt. Die Sandstein-Skulpturen stellen norwegische Bauern und Fischer dar.

FREDERIKSBORG SLOT

På Frederiksborg slot fødtes Christian IV, der ombyggede sin fars slot med al renæssancens pragt. Slottet er nu nationalhistorisk museum.

Christian IV was born in Frederiksborg, and he rebuilt his father's castle in magnificent renaissance style. The castle is nowadays a national museum.

Christian IV est né au château de Frederiksborg, et le fit transformer avec tout le faste de la Renaissance. Le château est devenu musée d'histoire nationale.

En el palacio Frederiksborg nació Cristián IV, quien reedificó el palacio de su padre con todo el lujo del Renacimiento. Hoy es museo nacional.

Frederiksborg ist der Geburtsort Christians IV. Er baute das Schloss seines Vaters im Renaissancestil um. Heute ist es national-historisches Museum.

Brand har hærget slottet, men i det ydre står det, som da det blev bygget, og den meget smukke slotskirke med dens rige inventar er bevaret uskadt.

Fire once ravaged the castle, but the facade has remained intact and the very beautiful castle chapel with its priceless furnishing is quite undamaged.

Des incendies ont ravagé le château, mais à l'extérieur rien n'a changé. La très belle chapelle, avec sa riche décoration, est restée intacte.

El palacio fue asolado por incendio, pero exteriormente está tal como se construyó, y su iglesia con ricos efectos mobiliaros se ha conservado intacta.

Feuersbrünste haben das Schloss heimgesucht, sein Äusseres ist unversehrt. Die schöne Schlosskirche mit ihrem reichen Inventar ist ebenfalls bewahrt.

FREDERIKSBORG SLOT

SDR. ASMINDERUP

Selv hvor det danske bondeland er fladt, har det sine stemninger og sin skønhed. Overalt brydes horisonten af kirker, gårde og huse i det tæt bebyggede land.

Even the flat, densely populated Danish farmland is steeped in atmosphere and beauty. Everywhere the horizon is broken by farms, churches and houses.

Le plat pays a aussi son charme. Partout la ligne d'horizon est rompue par des fermes, des églises, des maisons, car la densité de la population est extrême.

También el campo llano de Dinamarca tiene su ambiente y belleza. Por todas partes se ven granjas, iglesias y casas en la país bien poblado.

Auch das flache Land hat seine Stimmungen und Schönheiten: Bauernhöfe, Bauernkaten und Kirchen beleben und prägen das Landschaftsbild.

Danmarks ældste arki-
tektur-mindesmærker
er oldtidens dysser,
der findes spredt over
hele landet. Historie,
skulptur og arki-
tektur i ét.

The ancient barrows are
Denmark's oldest
architectural relics.
Found scattered all over
the country, they are
both sculpture and
architecture in one.

Participant à la fois de
la sculpture et de
l'architecture, les dol-
mens, très nombreux au
Danemark, sont les plus
anciens monuments
commémoratifs.

Los más antiguos monu-
mentos arquitectónicos
de Dinamarca son los
dólmenes de la antigüe-
dad, esparcidos por
todo el país. Escultura y
arquitectura conjuntas.

Die ältesten Architektur-
denkmäler Dänemarks
sind die vorzeitlichen
Hünengräber, die man
in allen Landesteilen
findet. Architektur und
Skulptur in einem.

TOKKEKØB HEGN

HALSNÆS

På Halsnæs ved Roskilde fjord er fiskernes garner dekorativ staffage for københavnernes udflugt med telt, madpakke og kaffe på thermo-kanden.

At Halsnaes on Roskilde Fjord the fishermens' nets provide an ornate backcloth for the Copenhagener's day out with tent, sandwiches and flask of coffee.

A Halsnæs, dans le fjord de Roskilde, les filets de pêcheurs composent une toile de fond décorative pour les gens de Copenhague venus pique-niquer.

En Halsnaes, contiguo al fiord de Roskilde, las redes de los pescadores forman una especie de suplemento decorativo a las excursiones de los copenhaguenses.

Auf der Halbinsel Hals-næs am Roskilde Fjord bilden die Fischer-netze eine dekorative Staffage für die zelten-den Kopenhagener Sommerfrischler.

En stump havn og en færge. Færger forbinder landsdel med landsdel, og for mange begynder og slutter ferien med sejladsen til og fra sommerlandet.

A tiny harbour and a ferryboat connecting mainland with mainland. For many the holiday begins and ends sailing to and from the summer country.

Un bout de port et un ferry-boat pour relier un point du pays à un autre. Pour beaucoup, les vacances commencent et se terminent par une traversée en bateau.

Un pequeño puerto y una balsa. Las balsas enlazan las regiones entre sí, y muchos empiezan y terminan sus vacaciones navegando al lugar.

Ein Stückchen Hafen und eine Fähre. Fähren verbinden die dänischen Inseln. Oft sind Anfang wie Ende der Sommerfrische mit einer Fährreise verbunden.

RØRVIG

HOLBÆK

Et kik ind i en gammel købmandsgård fra Holbæk museum. Rundt om i de gamle danske byer finder man lokale egnsmuseer, der fortæller historie.

A glimpse inside an old merchant's ouse from Holbæk museum in North Zealand. These local museums in many old Danish towns, are of great value.

Vieille maison de commerçant au musée de Holbæk (nord du Seeland). Partout au Danemark, les musées régionaux témoignent d'une riche histoire.

Antigua casa de comerciante al Museo de Holbæk, Selandia del Norte. Muchas viejas ciudades danesas tienen museos regionales, donde habla la historia.

Einen Blick in den alten Kaufmannshof im Museum von Holbæk in Nordseeland. Alte dänische Städte haben oft ein lokales Museum, das Geschichte erzählt.

Småhuse omkring den særprægede femtårnede kirke minder endnu om middelalderbyen, hvor danske konger holdt til. Byen blev købstad 1485.

The small houses near the characteristic five-spired church are still reminiscent of the mediaeval town, founded in 1485, where the Danish kings lived.

Les petites maisons blotties près de l'église aux cinq tours rappellent encore la ville du Moyen Age habitée par les rois danois et dont les droits de cité remontent à 1485.

Casitas alrededor de la típica iglesia de 5 torres traen a la memoria la ciudad medieval donde residían reyes daneses. Kalundborg es ciudad desde 1485.

Die Häuschen, die die eigenartige fünftürmige Kirche umgeben, erinnern ans Mittelalter. Im Jahre 1485 verlieh der König Kalundborg die Stadtrechte.

KALUNDBORG

At standse op ved en kirke kan være en oplevelse. Interiørerne fortæller om egnen, om rigdom og fattigdom i middelaldersamfundet og om skønhed.

To stop at a church can be an experience. The interiors tell of the district, of prosperity and poverty in mediaeval society and of beauty.

Pour le visiteur attentif, l'intérieur d'une église évoque la société du Moyen-Age, sa richesse et sa pauvreté, et tout ce qui fait la beauté d'une région.

Se recomienda visitar a una iglesia. Su interior da cuenta de la región, de riqueza y pobreza en la edad media, y de belleza.

Es lohnt sich oft, bei einer Kirche haltzumachen. Das Innere berichtet von der Gegend, von Reichtum, Armut und Schönheit mittelalterlichen Menschendaseins.

VESTER KIPPINGE, FALSTER

KELDBY, MØN

Bibelhistorien malet i kirkens hvælvinger var bondens møde med billedkunsten. En bibelhistorie befolket med mennesker fra det 13. århundrede.

The biblical story painted on the vaulted roof of the church was the farmer's first encounter with art. A bible story enacted by 12th century actors.

Depuis le XIIIe siècle, les fresques à la chaux des églises retracent l'histoire de la Bible; unique contact avec le monde de l'art pour le paysan.

La historia sacra, pintada en las bóvedas de la iglesia, constituía el encuentro del campesino con las bellas artes. Especie de historia sacra, poblada con gente del siglo XIII.

In den Fresken mit ihren biblischen Motiven, dargestellt durch Menschen des 13. Jhdts., erlebte der Kirchgänger seine erste Begegnung mit der Kunst.

Et slot med en historie, der strækker sig tilbage til 1402, hvor det var nonnekloster. Der er adgang til slottet, der bl. a. har en fin maleri-samling.

Gavnø Castle goes back in history to 1402, when it was a nunnery. Now it boasts, among other things, of a fine art collection, which is open to the public.

Gavnø, un château dont l'histoire remonte à 1402, époque où c'était un couvent. On peut le visiter et y voir notamment une belle collection de peintures.

La historia del castillo empieza en 1402, cuando era convento de monjas. Se puede visitar y tiene entre otro una hermosa colección de pinturas.

Ein Schloss, dessen Geschichte bis ins Jahr 1402 zurückreicht. Das Schloss ist öffentlich zugänglich und hat u.a. eine feine Gemälde-sammlung.

GAVNØ

LØVENBORG

Fredeligt og idyllisk ligger herresædet Løvenborg med sine tårne og omgivet af voldgrave. Slottet opførtes 1634. Slotsparken er anlagt i fransk stil.

Today Løvenborg Castle, with its towers and encircling moat, lies in peaceful and charming surroundings. It was built in 1634, its park laid out in French style.

Le manoir de Løvenborg, édifié en 1634, dresse ses tours dans le cadre idyllique de la campagne danoise. Son parc est aménagé à la française.

El castillo de Løvenborg, con sus torres y fosos profundos; fué construído en 1634. Su parque hermoso es de estilo francés.

Eine friedvolle Idylle ist der Herrensitz Løvenborg mit seinen Zinnen und umgeben von Wallgraben. Der Schlosspark ist im französischen Stil angelegt.

MØNS KLINT

På Møn syd for Sjælland hæver de hvide kridtklinter sig op fra havet. Et pragtfuldt skue med den grønne skov over klintens hvide kridt og det blå hav ved dens fod.

The white chalk cliffs of Møn, south of Zealand, rise up from the sea, surmounted by green forest and with the deep blue sea at their foot – a magnificent sight.

A Møn, au sud du Seeland, les hautes falaises de craie blanche parsemées de verdure tranchent sur le bleu de l'eau où elles baignent; un site admirable!

En la isla de Møn al sur de Selandia, las blancas colinas de creta, coronadas de bosques verdes, se elevan casi verticalmente desde el mar azul.

Auf der Insel Møn südlich von Seeland steigen die Kreideklippen aus dem Meer empor. Ein prachtvoller Anblick mit dem grünen Wald und dem blauen Meer.

Storstrømsbroen er ikke blot en broforbindelse mellem Sjælland og Falster. Med sine mere end 3 kilometer er den et led i Europavejen sydpå.

The Bridge not only connects Zealand with Falster but — over 2 miles in length — it forms a link with the Europe Road in the south.

D'une longueur de 3 km, le pont de Storstrøm fait communiquer le Seeland avec Falster et ouvre aussi la route du sud de l'Europe.

El Storstrómsbro no sólo constituye un puente entre Selandia y Falster. Con sus más de 3 km forma parte del »Camino de Europa« hacia el sur.

Die Storstrømsbrücke verbindet Seeland und Falster und bildet mit ihren mehr als drei Kilometern ein Glied der Europastrasse nach dem Süden.

STORSTRØMSBROEN

Fyn
og Øerne

Fyn er ikke blot Odense med eventyr-
digteren H. C. Andersen's barndomshjem.
Drejer man af fra hovedvejen, der går
tværs over Fyn, ligger det frodige og
bølgende landskab foran en: De velholdte
bindingsværksgårde og herresæderne, der
rammes ind af levende hegn. Fortsætter
man videre syd på, når man til Det syd-
fynske øhav, hvor en særpræget idylverden
åbner sig med hyggelige småbyer, der har
præg fra sejlskibenes store tid. Øer, der
i popularitet og skønhed kun kan måles med
klippeøen Bornholm i Østersøen, hvor
klipper, sandstrande og fiskerlejer danner
et enestående sceneri.

Funen is not only Odense, the home
town of Hans Andersen. Turning off the
main road which runs straight across
Funen, the fertile, undulating landscape
lies before you: the well-kept half-timbered
farms and manor-houses enclosed by
hedges. Farther south, by the South Funen
archipelago, an idyllic world unfolds
itself, with charming little towns marked
by the great era of the sailing-ships — and
islands comparing in popularity and
beauty only with the rocky Baltic island
of Bornholm, where rocks,
beaches and fishing-hamlets form
magnificent scenery.

La Fionie, ce n'est pas seulement
Odense et la maison où le conteur Andersen
a passé son enfance. Si on quitte la
grand'route qui traverse l'île, on découvre
une terre fertile aux lignes ondoyantes,
des manoirs, des fermes à colombage
entourées de haies vives. Dans le chapelet
des îles du sud, c'est encore un monde
différent qui se révèle: les petites villes ont
gardé l'empreinte de la grande époque de
la navigation. Elles ne peuvent rivaliser
qu'avec Bornholm, l'île rocheuse de la
Baltique, où les plages, les
rochers et les ports de pêche forment
un ensemble unique.

Fionia comprende no sólo Odense,
patria del autor de cuentos H. C. Andersen.
Apartándose de la carretera que atraviesa
Fionia, el paisaje es fértil y ondulante:
Bien cuidadas granjas de entramado y
haciendas, enmarcadas por setos vivos.
Siguiendo hacia el sur, se llega al archi-
piélago del sur de Fionia, con sus idilios
peculiares de apacibles pueblos de la época
de los veleros. Hay islas cuya popularidad
y belleza compiten con la isla montañosa
Bornholm en el Báltico donde rocas,
playas y pueblos de pescadores forman
un paisaje único.

Fünen hat andere Sehenswürdigkeiten
als Odense mit dem Geburtshaus des
Märchendichters Andersen. Biegt man von
der Hauptstrasse ab, die Fünen durchquert,
befindet man sich in einer lieblichen
Hügellandschaft, die von gepflegten Fach-
werkbauernhöfen und grünen Hecken
belebt wird. Fährt man in südlicher Rich-
tung weiter, gelangt man zum süd-
fünischen Inselmeer, das mit seinen an die
Zeit der grossen Segelschiffe erinnernden
Hafenstädtchen eine Welt für sich
bildet. Nur Bornholm kann sich mit seinen
Felsen, seinem weissen Sandstrand
und seinen malerischen Fischerdörfern
an Schönheit und Beliebtheit mit
jenen Inseln messen.

En gadeidyl fra Fåborg på Sydfyn.
Street scene from Fåborg, S. Funen.
Charme d'une rue de Fåborg.
Idilio callejero, Fåborg, Sur de Fionia.
Strassenbild aus Fåborg, Südfünen.

Færgen forlader havnen i Ærøskøbing.
The ferry leaving Ærøskøbing harbour.
Le ferry-boat quitte le port d'Ærøskøbing.
El transbordador sale del puerto Ærøskøbing.
Fähre verlässt den Hafen von Ærøskøbing.

Egnsmuseet i Svendborg huses i denne bygning.
Svendborg museum is housed in this old building.
Le musée de la province, à Svendborg.
Este antiguo edificio encierra un museo local.
Dies alte Haus birgt das Museum von Svendborg.

Svendborgsundbroen mellem Fyn og Tåsinge.
Svendborg bridge linking Funen and Tåsinge.
Le pont de Svendborg entre la Fionie et Tåsinge.
Puente entre Fionia y Tåsinge.
Die Sundbrücke zwischen Fünen und Tåsinge.

Gamle huse præger den hyggelige by Ærøskøbing
Quaint old houses characteristic of Ærøskøbing.
Vieilles maisons dans la jolie ville d'Ærøskøbing.
Casas antiguas caracterizan Ærøskøbing.
Alte Häuser im idyllischen Ærøskøbing.

Havnen i skipperbyen Troense på Tåsinge.
Troense harbour — maritime town on Tåsinge.
Le port de Troense, à Tåsinge.
Puerto de la ciudad naviera Troense en Tåsinge.
Hafen des Fischerdorfs Troense, Tåsinge.

Landevejskro nær Nyborg på Østfyn.
Roadside inn near Nyborg in E. Funen.
Une auberge de campagne près de Nyborg.
Mesón de carretera cerca de Nyborg, Este de Fion
Gasthaus bei Nyborg, Ostfünen.

Østerlars rundkirke på Bornholm.
Østerlars round-church on Bornholm.
L'église ronde d'Østerlars à Bornholm.
Iglesia Redonda de Østerlars, isla Bornholm.
Die Rundkirche Østerlars, Bornholm.

Fiskerihavnen i Gudhjem på Bornholm.
Fishing-harbour in Gudhjem, Bornholm.
Le port de pêche de Gudhjem à Bornholm.
Puerto de pescadores, Gudhjem, Bornholm.
Fischerhafen in Gudhjem, Bornholm.

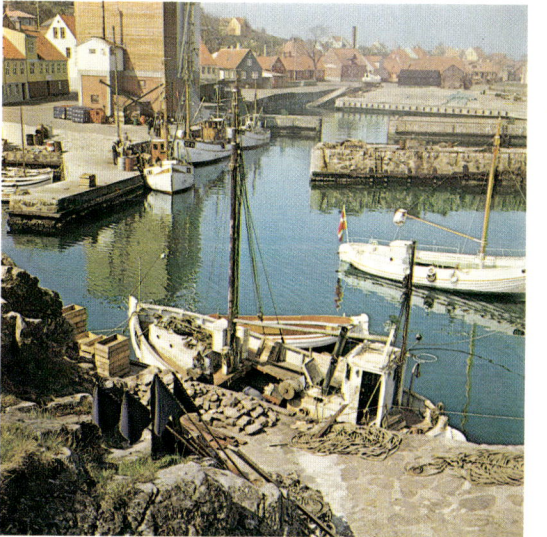

Glimt fra Fyn og Øerne   *Scenes from Funen and the Islands*

Images de Fionie et des îles   *Destellos de Fionia y otras Islas*   Motive von Fünen und den Inseln

Fyn er en frodig ø, og adelen lagde gerne sine slotte her. Til Langesø hører en slotspark, der hvert forår omdannes til løgpark og trækker turister til.

Each spring the gardens of Langesø Castle on the green and fertile island of Funen are transformed into bulb gardens — to the great delight of tourists.

La Fionie est une île fertile, où la noblesse construisait ses châteaux. Ainsi celui de Langesø, dont le parc, chaque printemps, se couvre de tulipes.

Fionia es una isla fértil, donde la nobleza con preferencia construyó sus palacios. El castillo de Langesó tiene un parque que en primavera se cubre de bulbos.

Auf der fruchtbaren Insel Fünen baute der Adel gern seine Schlösser. Im Frühling ist der Park von Langesø mit seiner Blumenpracht eine Touristenattraktion.

LANGESØ

EGESKOV

Et af de smukkeste fynske slotte er Egeskov, der næsten vokser op fra søen med sine tårne og gavle. Slottet blev bygget på nedrammede pæle.

Rising out of the lake with its towers and gables, Egeskov is one of the most beautiful castles in Funen. It is built upon sunken piles.

L'un des plus beaux châteaux de Fionie est Egeskov, qui semble surgir du lac avec ses tours et ses pignons. Il est construit sur pilotis.

Uno de los castillos más hermosos de Fionia es Egeskov, que parece cual si sus torres y frontones subiesen directamente del lago. Fue construido sobre pilotes soterrados.

Egeskov, eine Perle unter den dänischen Herren-sitzen, wurde auf in den Seegrund eingerammten Pfählen erbaut. Das Schloss stammt aus dem 16. Jahrhundert.

ODENSE

Eventyrdigteren H. C. Andersens beskedne barndomshjem er i dag rammen om et museum, der spejler hans livshistorie og hans særheder.

The modest childhood home of the fairy-tale writer, Hans Andersen, is now converted into a museum, which paints a picture of his life and eccentricities.

L'humble maison où le conteur Andersen passa son enfance est aujourd'hui un musée qui retrace l'histoire singulière de la vie du poète.

La modesta casa natal del autor de cuentos H. C. Andersen se ha convertido en un museo que refleja la historia de su vida y sus singularidades.

Das Geburtshaus des Märchendichters Andersen ist als Museum eingerichtet und macht die Lebensgeschichte und die Eigenheiten des Dichters anschaulich.

Bindingsværksgårde præger Fyn. Denne gamle gård bebos ikke mere, den er flyttet til museet »Den fynske landsby« sammen med andre gamle gårde.

The Funen countryside is dotted with half-timbered farms. This old unoccupied farm has been moved to the open-air museum, »The Villages of Funen«.

Les fermes à colombage abondent en Fionie. Cette ancienne ferme n'est plus habitée, on l'a transférée au musée en plein air »Den fynske landsby«.

Las casas de entramado caracterizan el paisaje de Fionia. Esta casa vieja ya no es habitada; fue movida, junto con otras, al museo al aire libre.

Fachwerkbauten prägen die Landschaft Fünens. Dieser alte Hof wurde wie auch andere Bauernhöfe im Freiluftsmuseum in Odense wiederaufgebaut.

»DEN FYNSKE LANDSBY«, ODENSE

FYN

Søger man ud i det fynske landskab, skal man køre ad bivejene for at finde de stille idyller, der er uberørte af al bilisme og tidens jag.

Driving along the quiet country roads on Funen you can still discover peaceful spots, as yet untouched by the noise and bustle of modern motorized living.

Si on veut vraiment connaître la campagne fionienne, il faut prendre les petites routes. Loin du monde et du bruit, on retrouve intact le charme tranquille d'autrefois.

Si se desea ver bien el paisaje de Fionia, se debe ir por los caminos vecinales, para hallar los idilios tranquilos, libres de automovilismo y prisa.

Abseits von den Hauptverkehrsstrassen findet man im fünschen Land noch manches stille Idyll, das vom Lärm und Treiben unserer Zeit verschont ist.

Rundkirker ses mest typisk på Bornholm, men også andre steder er der bygget runde forsvarskirker, som i Horne, hvor den oprindelige kirke endnu anes.

Half fortress and half church, these unusual round buildings are typical of Bornholm, but the characteristic form can be distinguished in churches elsewhere.

C'est surtout à Bornholm que l'on trouve les églises rondes, anciennes forteresses. Mais on en a construit ailleurs, à Horne par exemple, où se devine l'église initiale.

Las iglesias redondas se ven más típicas en Bornholm, pero también en otros lugares hay redondas iglesia, p. e. en Horne donde hay vestigios de la iglesia original.

Rundkirchen findet man auf Bornholm, doch auch in anderen Landesteilen baute man sie, wie hier in Horne. Spuren der ursprünglichen Kirche sind sichtbar.

HORNE KIRKE

GUDHJEM, BORNHOLM

Sommeren igennem befolkes de bornholmske fiskerlejer med turister, så talrige som sildene, der røges på de små røgerier med de karakteristiske profiler.

Throughout the summer the fishing hamlets of Bornholm are packed with tourists — just as numerous as the smoked herrings in the typical Bornholm smokehouses.

Tout l'été, les ports de pêche de Bornholm ne désemplissent pas: les touristes sont aussi serrés que les harengs fumés dans les petites saurisseries.

En el verano, los pueblos de Bornholm se llenan de turistas casi tan numerosos como los arenques que se ahuman en los pequeños ahumaderos.

Schwärme von Touristen bevölkern die Fischerdörfer Bornholms den ganzen Sommer lang. Die Heringsräuchereien sind eine typische Ingredienz der Insel.

Christiansø — et skær i Østersøen — en gammel fæstning, der blev fiskerihavn og om sommeren et feriepardis for lystsejlere og andre sommergæster.

The old fortress of Christiansø, a rock in the Baltic, is now a fishing-harbour and a summer paradise for visiting yachtsmen and other holidaymakers.

Christiansø — îlot rocheux de la Baltique — vieille citadelle devenue port de pêche, est, l'été, un paradis pour les vacanciers et les navigateurs de plaisance.

Christiansó — un escollo en el Báltico — antigua fortaleza convertida en puerto de pesca, y en verano un paraíso para navegantes de recreo y otros veraneantes.

Die alte Festung ruht auf einem Felsenriff in der Ostsee. Im Sommer ist die kleine Insel ein Ferienparadies für Segler und andere Sommerfrischler.

CHRISTIANSØ

Jylland

Næsten et land i sig selv, forbundet
med kontinentet ved Danmarks eneste
landegrænse. Den jyske halvø er ikke sådan
at håndtere. På få timer kører man tværs
over landet, og man har gjort en rejse
fra blidhed til barskhed.
Kører man på langs, oplever man en anden
form for skiften i landskabet. Det er
som at blade i en billedbog, hvor det ene
billede ikke ligner det næste.
I Jylland kan man vælge opholdssted
efter temperament! Alle muligheder for at
se og for at holde ferie er til stede.
De brede sandstrande, skovene, byerne,
fjordene venter . . .

Almost a country in itself, joined to the
continent by Denmark's only land frontier,
the Jutland peninsula springs many
surprises. A few hours drive across
the country, and the landscape has changed
from gentleness to ruggedness, whereas
from north to south the changing scene is
like a quick glance through a picture-
book, in which no picture resembles
the next. In Jutland you can choose your
residence according to your temperament!
It provides all possibilities for sightseeing
and holidays: the broad sands, forests, hills,
towns and fjords await you . . .

Le Jutland est presque un pays à part,
rattaché qu'il est au continent par la seule
frontière territoriale du Danemark.
Cette presqu'île ne se laisse pas cataloguer
facilement. On la traverse transversalement
en quelques heures, et on passe de la
douceur à la rudesse.
Dans le sens de la longueur, le paysage
change d'une autre façon, un peu
comme, dans un album, chaque
image est différente. Au Jutland, on
peut choisir le lieu de son séjour d'après
son tempérament. Toutes les
possibilités s'offrent au voyageur; les
vastes plages de sable fin, les bois,
les collines, les villes, les fjords.

Jutlandia es casi un país en sí, unido
con el Continente por la única frontera
terrestre de Dinamarca. En pocas horas se
atraviesa en coche la península de Jut-
landia, pasando de un clima benigno a otro
crudo. Si se va a lo largo de la Peninsula,
también cambia el paisaje, siendo diferente
uno de otro. En Jutlandia se puede
elegir lugar de estada según tempera-
mento: hay todas posiblilidades
de ver y de veranear; anchas playas
arenosas, bosques, colinas, ciudades
y los fiords . . .

Fast ein Land für sich, ist Jütland
durch Dänemarks einzige Landesgrenze
mit dem Kontinent verbunden. Mit
Jütland wird man nicht im Handumdrehen
fertig. Wer es — im Laufe weniger
Stunden — ost-westlich durchquert, kommt
aus einer anmutigen in eine rauhe
Landschaft. Fährt man nord-südlich, erlebt
man einen andersartigen Wandel
des Landschaftsbildes: als
blätterte man in einem Bilderbuch,
jede Seite ein neues Motiv. Jütland bietet
seinen Besuchern Ferienmöglichkeiten
je nach Temperament: breiten,
weissen Sandstrand, ausgedehnte Wälder,
Hügelland, Städte und Fjorde, alle
warten sie auf ihre Besucher . . .

Den historiske Dybbøl mølle nær Sønderborg.
The historical Dybbøl Mill near Sønderborg.
Le moulin historique de Dybbøl près de Sønderborg.
Histórico molino de Dybbøl, cerca de Sønderborg.
Die historische Mühle von Dybbøl bei Sønderborg

Typiske fanøhuse i Sønderho.
Typical Fanø houses in Sønderho.
Maisons caractéristiques de Fanø à Sønderho.
Casas típicas de Fanø, en Sønderho.
Typische Fanø-Häuser in Sønderho.

Den nyeste af de to broer over Lillebælt.
The newest of Little Belt's two bridges.
Le nouveau pont sur le détroit du Petit Belt.
El puente más nuevo sobre Lillebælt.
Die neueste Brücke über den Kleinen Belt.

Jellingstenene med runeinskription.
Jelling stones with runic inscriptions.
Les pierres runiques de Jelling.
Las piedras rúnicas de Jelling, con inscripciones.
Die Jellingsteine mit Runeninschrift.

Viborg Domkirke, der er grundlagt i 1130.
Viborg Cathedral, founded in 1130.
La cathédrale de Viborg, qui remonte à 1130.
Catedral de Viborg, fundada en 1130.
Der Dom von Viborg, 1130 gegründet.

De smukke universitetsbygninger i Århus.
Le centre universitaire à Århus.
Les batiments universitaires à Århus.
Hermosos edificios universitarios, en Århus.
Die schönen Universitätsgebäude in Århus.

Fiskerkutter står Skagen havn ind.
Fishing-cutter heading for the Skaw.
Les bateaux de pêche ralliant le port de Skagen.
Cúter pesquero entrando en el puerto de Skagen.
Fischkutter läuft den Hafen von Skagen an.

Grøn frodighed præger det sønderjyske landskab.
The green luxuriance of southern Jutland scenery
Paysage vert et luxuriant dans le sud du Jutland.
Fertilidad verde caracteriza el paisaje de Slesvig.
Fruchtbar grünt der saftige Boden Südjütlands.

Sommerens badeliv ved Jyllands vestkyst.
Summer bathers on Jutland's west coast.
L'été sur une plage de la côte ouest du Jutland.
Vida balnearia de verano Jutlandia.
Badeleben am Strand von Jütlands Westküste.

  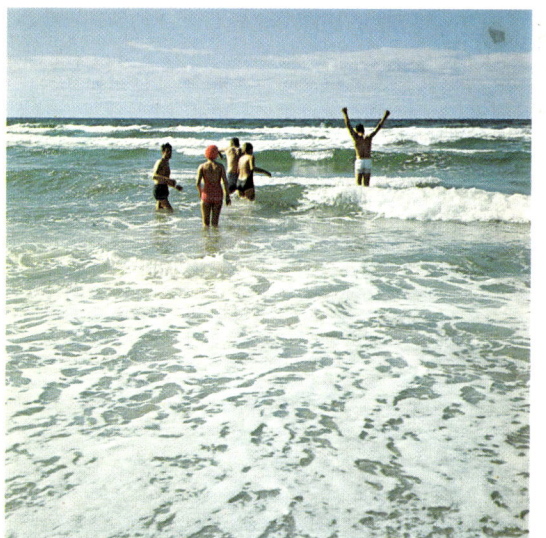

Glimt fra Jylland   *Scenes from Jutland*   Images du Jutland   *Destellos de Jutlandia*   Motive von Jütland

GEJLÅ

Hærvejen, den gamle studevej op gennem Jylland, var engang livsnerven fra nord til syd. Her og der ses den gamle vej endnu i det jyske landskab.

Haervejen was the old drove road up through Jutland, a vital link connecting north with south. It may still be glimpsed in the Jutland countryside.

On trouve encore dans le Jutland des tronçons épars de l'ancienne grand'route militaire, artère vitale du nord au sud.

El antiguo camino para manadas de ganado a través de Jutlandia, antes fue la vía principal de norte al sur, y de trecho en trecho aún es visible en el paisaje jutlandés.

Auf Jütland stösst man hier und da noch auf Reste der alten Heerstrasse, die einst der Lebensnerv von Handel und Verkehr zwischen Norden und Süden war.

Ribe er en af Jyllands smukkeste gamle byer. En betydningsfuld by man engang kunne sejle til, landets ældste købstad, hvor Danmarks første kirke byggedes.

Ribe, one of the most beautiful towns in Jutland, was once an important port. The oldest market town in Denmark — here the very first church was built.

Ribe, une des plus anciennes et des plus belles villes du Jutland, la première à avoir acquis droit de cité et construit une église, était jadis accessible en bateau.

Ribe es una de las más hermosas de las antiguas ciudades de Jutlandia. Ciudad antes navegable, la más antigua villa, en que se levantó la primera iglesia en Dinamarca.

Ribe ist nicht nur eine der schönsten Städte Jütlands, sondern die älteste Stadt Dänemarks, wo auch die erste dänische Kirche erbaut wurde.

RIBE

TØNDER

Tønder kirke er et eksempel på, at problemer kan løses i et grænseland. I den gamle kirke fra 1592 er der både danske og tyske gudstjenester.

In the frontier town of Tønder, the old 16th century church provides services in both Danish and German — a peaceful solution to a frontier problem.

L'église de Tønder, où on dit la messe en danois et en allemand, est la preuve que les problèmes des pays-frontières ne sont pas insolubles.

La iglesia de Tónder exemplifica que los problemas pueden solucionarse en un país fronterizo. En la antigua iglesia de 1592 se celebran misas tanto danesas como alemanas.

In der 1592 errichteten Kirche von Tønder löst man Grenzlandprobleme vorbildlich: hier werden sowohl dänische wie deutsche Gottesdienste abgehalten.

Den trelængede »Kommandørgård« taler ikke blot i sin udsmykning om gammel tid. Navnet »Kommandørgård« siger, at den var beboet af en hvalfangerkaptajn.

This ornamental three-winged farm is not only a reminder af olden days, but its name, »Kommandørgård«, implies that it was owned by a whaling captain.

Le »Kommandørgård«, composé de 3 bâtiments, a des ornements anciens. Comme son nom l'indique, il était habité par un capitaine de la chasse à la baleine.

La »finca del comodoro«, de 3 alas, no sólo por su ornamentación revela su edad. El nombre »finca del comodoro« indica que fue habitada por un capitán de balleneros.

Der dreiflüglige »Kommandeur-Hof« auf der Insel Rømø ist heute ein Museum. »Kommandeur« war seinerzeit der Titel der Kapitäne von Walfangschiffen.

RØMØ

KOLDING

Under napoleonskrigene brændte fæstningen Koldinghus ned, i dag er den delvis ruin og museum. Ingen holder her mere vagt mod indtrængende fjender.

The old fortress of Koldinghus was gutted by fire during the Napoleonic Wars. Today, no longer defended, it is part ruin and part museum.

Pendant les guerres napoléoniennes, la citadelle de Koldinghus fut incendiée. C'est une belle ruine, où l'on a installé un musée et qu'on envisage de restaurer.

Durante las guerras napoleónicas se quemó la fortaleza Koldinghus; hoy es una parte ruina, en parte museo. Ya no hay custodia contra enemigos invasores.

Die Festung Koldinghus brannte während der Besatzung spanischer Truppen Napoleons teilweise aus. Die Ruine birgt nun ein national- und kunstgeschichtliches Museum.

De østjyske byer mod syd var beredt på angreb. Fredericia blev anlagt som fæstningsby, og de linealtrukne gader og voldene minder om denne fortid.

The south-east Jutland towns were prepared for any attack. Built as a fortress town, the linear streets and ramparts of Fredericia remind one of its past.

Certaines villes du sud-ouest du Jutland étaient des citadelles, ainsi Fredericia, aves ses rues se coupant à angle droit et ses fortifications, vivant témoignage du passé.

Las ciudades del sudeste de Jutlandia estaban preparadas contra ataques. Fredericia fue construida como fortaleza, y las calles rectas y las vallas lo traen a la memoria.

Die südöstlichen Städte Jütlands mussten mit Angriffen rechnen. Fredericia mit seinen Wällen und schnurgraden Strassen wurde als Festung angelegt.

FREDERICIA

GRATHE HEDE

Midtjylland er fladt og
var engang dækket af
hede i endeløse stræk.
På Grathe hede udkæm-
pede de to konger
Svend og Knud i 1157
kampen om magten.

Flat mid-Jutland was at
one time covered with
endless stretches of
heather. On Grathe Heath
in 1157 the two kings,
Svend and Knud, fought
to seize the throne.

Le centre du Jutland est
plat; autrefois il était
recouvert de landes
infinies. A Grathehede,
les deux rois Svend
et Knud se livrèrent
bataille en 1157.

La Jutlandia Central es
llana, y antes cubierta de
extensos brezales.
En el brezal de
Grathe, los reyes Svend
y Knud en 1157
libraron batalla.

Mitteljütland ist flach
und war einst weitge-
dehntes Heideland. Im
Jahre 1157 kämpften die
Könige Svend und Knud
hier auf der Grathehede
eine Schlacht aus.

Gamle købstadshuse, der var dømt til nedrivning, har fundet blivende grund i museet »Den gamle by«. De fleste huse kan også beses indvendigt.

Old houses, threatened with demolishment, have acquired a new home in the museum, »The Old Town«. Here the interiors of most of them are also on show.

Les vieilles maisons villageoises, condamnées à être détruites, ont été transportées dans le musée de la »Vieille Ville«. On peut visiter la plupart d'entre elles.

Antiguas casas, ya condenadas, fueron llevadas al museo »La Ciudad Antigua«. La mayor parte de ella pueden visitarse, también interiormente.

Alte Häuser wurden im Freilichtmuseum »Den gamle by« (die alte Stadt) wiederaufgebaut. Die meisten Häuser kann man auch inwendig besichtigen.

ÅRHUS

Ebeltoft — en småby, der har fået lov at bevare sit præg af gammel købstad. En idyl, der lever. Bygningen med tårnet er det gamle lilliput-rådhus.

Ebeltoft has managed to retain the charm and vitality of an old market town. The building with the tower is the original lilliput town hall.

Ebeltoft, petite ville qui a su et pu conserver son charme d'autrefois.
Le bâtiment avec la tourelle est l'hôtel de ville.

Ebeltoft — ciudad pequeña que ha conservado su carácter de villa antigua. Idilio que vive. El edificio de la torre es la diminuta casa consistorial antigua.

Das hübsche Ebeltoft ist mit seinen vielen alten Häuschen ein sehenswertes Kleinstadtidyll. Das Gebäude mit dem Turm ist das alte Lilliput-Rathaus.

EBELTOFT

MOLS

De gule sennepsmarker er som malet med brede strøg i landskabet. Bagude anes det kuplede bakkelandskab, der udgør det smukke, kuperede »Mols bjerge«.

The mustard fields are as if painted on the landscape with broad golden brush-strokes. Behind lies the domed formation known as the »Mountains of Mols«.

On dirait les champs de moutarde peints à grands traits jaunes. Derrière se devinent les petits coteaux désignés sous le nom de »montagnes de Mols«.

Los campos amarillos de mostaza parecen pintados en el paisaje con brocha gorda. Hacia atrás se divisa el paisaje ondulado llamado »Montañas de Mols«.

Wie mit breitem Pinsel ins Land gemalt leuchten die gelben Senffelder. Im Hintergrund ahnt man das unter dem Namen »Mols bjerge« bekannte Hügelland.

MARIAGER

Også Mariager er en solskinsby med gamle, fredede huse. En af landets mindste købstæder. Den kan ikke opleves kørende — kun til fods . . .

Mariager — one of the smallest market towns in the country — is a town of sunshine and old conserved houses. You must explore it on foot — no cars allowed!

Mariager est aussi une petite ville de conte de fées, avec ses vieilles maisons classées. Il faut la parcourir à pied, l'automobile étant bannie de ses rues.

Mariager es ciudad de mucho sol, con antiguas casas declaradas monumentos nacionales. Es una de las ciudades más pequeñas del país. Las calles son muy estrechas.

Auch die anmutige kleine Stadt Mariager bietet dem Besucher ein malerisches Kleinstadtidyll, das er nicht fahrend, sondern zu Fuss, erleben sollte.

Hvor skoven engang bredte sig, dannede lyngen tæppe, men heden opdyrkedes, og de sidste lyngbakker står i dag som minder om den natur, der forsvandt.

The heather once formed a carpet beneath the spreading forest, but since the moors were ploughed up only a mere trace remains to remind one of bygone days.

C'était ici le règne de la forêt, puis de la lande, que l'on se mit à cultiver. Les dernières collines de bruyère sont ainsi les vestiges d'une nature disparue.

Donde antes hubo bosque, se introdujo el brezo, pero más tarde se cultivó el brezal, y quedan hoy día pocos de los brezales.

Die ausgedehnten Wälder der Vorzeit wurden von Heideland abgelöst, das jedoch später fruchtbar gemacht wurde. Einzelne Heidehügel sind übrig geblieben.

REBILD

Midt i Aalborg troner
Jens Bangs fornemme
stenhus fra begyndelsen
af 1600-tallet. Det blev
opført i tidens neder-
landske renæssan-
cestil.

Right in the middle of
Aalborg is Jens Bang's
fine, early 17th century
mansion. Ist is built in
stone in the style
of the Dutch Renais-
sance.

Au cœur de Aalborg
s'élève la noble demeure
de Jens Bang, construite
au début du XVIIe
siècle dans le style
de la Renaissance
hollandaise.

Al cientro de Aalborg
se eleva la distinguída
casa de Jens Bang, del
comienzo del Siglo 17,
construída en el estilo
renascimental neerlan-
dés de la epoca.

In Aalborgs Stadtmitte
thront das vornehme
Jens-Bang-Haus aus
dem Beginn des 17.
Jahrhunderts. Es ist im
niederländischen
Renaissancestil erbaut

AALBORG

LØKKEN

Mere karrigt er det ved vestkysten, hvor fiskerne endnu trækker deres både på land. Til gengæld invaderes de brede sandstrande af sommerens badegæster.

On the less prosperous west coast of Jutland the fishermen still drag their boats up on land, but in the summer the broad sandy beaches are invaded by visitors.

Sur la côte ouest on vit plus chichement, et les pêcheurs tirent encore leurs bateaux sur la terre ferme. Mais, l'été, les vastes plages sont pleines de monde.

Menos bienestar reina en la costa occidental, poblada de pescadores. En cambio, las anchas playas arenosas en verano son invadidas por los bañistas.

An der hafenarmen Westküste müssen die Fischer ihre Boote noch an Land ziehen. Der breite Strand lockt viele einheimische und ausländische Badegäste an.

MOSELUND

De store linjer i det jyske
landskab fremhæves,
hvor naturen får
lov at ligge hen som et
eldorado for fugle
og vildt — og for
naturelskere.

Where the countryside
still remains unspoilt the
sweeping Jutland
scenery is an eldorado
both for birds and wild
animals — and also
for nature-lovers.

Les lignes de force du
paysage jutlandais appa-
raissent pleinement là
où la nature, intacte,
reste comme un
eldorado pour les oi-
seaux et le gibier.

Las grandes líneas del
paisaje jutlandés se
acentúan donde la natu-
raleza queda como un
El Dorado para aves y
caza — y para los amigos
de la naturaleza.

Wo die grosszügige
Landschaft Jütlands
noch unberührt ist, ist
sie ein Eldorado für
Wild und Vögel — und
für wirkliche
Naturliebhaber.

Landskabet omkring
Mors i Limfjorden
breder sig ud i blide
bølger — palettens blå
og grønne farver.
I klinten kan man finde
vulkansk aske.

The landscape around
Mors in Limfjorden is
a gently rippling sea
of blue and green.
In the cliffs there are
traces of volcanic ash
to be found.

Autour de Mols, le pay-
sage est composé de li-
gnes douces, de couleurs
tendres comme le bleu
et le vert. Dans la falaise
on trouve des cendres
volcaniques.

El paisaje alrededor de
la isla de Mors en el
Limfjord tiene colores
azul y verde. En el
acantilado puede
hallarse ceniza de origen
volcánico.

Die Landschaft um Mors
am Limfjord zieht
sich in weichen
Wellenlinien hin. An der
Steilküste trifft man hier
und da auf Reste vul-
kanischer Asche.

HANKLIT

VOERGAARD

Voergaard er en af de mest velholdte renæssance herregårde. Dæmpet føjer den sig ind i det nordjyske landskab — ejer både blæst og sommersol i sig.

Voergaard, lying snug in the North Jutland countryside, is one of the best preserved renaissance manor houses — a haven for storm and summer sun.

Voergaard est un des châteaux Renaissance les mieux conservés. Il est en harmonie avec le paysage du nord du Jutland, avec le soleil et la tempête.

Voergaard es una de las casas señoriales del Renacimiento mejor conservadas. Se adapta al paisaje de Jutlandia del Norte — abundan viento y sol.

Voergaard ist einer der am besten erhaltenen Herrenhöfe der Renaissance. Malerisch liegt er in der zugleich herben und anmutigen Landschaft Nordjütlands.

Generationer har sat præg på landsbykirkerne og bygget på dem gennem tiderne, og ofte møder man som her romansk og gotisk stil i samme kirke.

Succeeding generations have set their mark on the country churches, adding to them as time went by. Often Gothic and Romanesque styles are seen side by side.

Les églises de village portent l'empreinte des générations qui les ont construites. Souvent, comme ici, se mêlent le style roman et le gothique.

Las generaciones han influido en las iglesias de aldea, y frecuentemente, como aquí, encontramos en la misma iglesia estilos románico y gótico.

Generationen gaben den Dorfkirchen ihr wechselndes Gepräge. Oft findet man wie hier romanische und gotische Stilelemente in der gleichen Kirche vereint.

SØNDERHOLM

Viborgbispen byggede for evigheden, da han lod sin middelalderborg opføre for 500 år siden. En dobbelt voldgrav sikrer mod overfald af fjender.

The Bishop of Viborg built for eternity when he had his mediaeval castle built about 500 years ago. A double moat protected him against surprise attack.

L'évêque de Viborg construisait pour l'éternité lorsqu'il fit élever, il y a 500 ans, son château-fort protégé par un double fossé des attaques ennemies.

El obispo de Viborg construía para siglos cuando hace 500 años hizo levantar su castillo medieval. Un foso doble asegura contra asaltos de enemigos.

Der Bischof von Viborg baute für die Ewigkeit, als er vor 500 Jahren diese Mittelalterburg errichten liess. Ein doppelter Wallgraben schützte vor Angriffen.

SPØTTRUP

BULBJERG

Evigt pågår kampen mellem hav og land. Meter for meter skylles stranden bort, men endnu holder Bulbjerg stand takket være flinten i klintens limsten.

The fight between land and sea wages eternally, and the beach, inch by inch, is washed away. Bulbjerg still stands, thanks to the flints in the limestone cliffs.

La lutte entre la terre et la mer n'est jamais terminée. L'eau ronge le sable des plages mais celle de Bulbjerg résiste grâce à la teneur en silex de la falaise.

Perpetua es la lucha entre mar y tierra. Metro por metro es arrastrada la playa, pero aún resiste Bulbjerg, gracias a su contenido de pedernal.

Ewig währt der Kampf zwischen Meer und Land. Noch hält Bulbjerg stand, dank des Flintgehalts im Leimstein der Küste.

Sommerens turister har forladt stranden, det er atter hverdag ved vestkysten for fiskeren og for bonden inde i landet, der dækker sig for vestenstormene.

The holidaymakers have departed and normal life is resumed on the west coast. Fishermen and farmers inland are busy preparing for the westerly gales.

Les estivants ont quitté la plage. La vie quotidienne recommence pour le pêcheur et pour le paysan qui, à l'intérieur du pays, se prépare aux tempêtes d'ouest.

Los numerosos turistas del varano han abandonado la playa; es día de trabajo para el pescador y para el campesino tierra adentro.

Die Sommerfrischler sind heimgekehrt, der Strand ist verlassen. Fischer und Bauern rüsten sich gegen die harten, westlichen Winterstürme.

HANSTHOLM